Anonym

Prüfungslehre: Vorlesungsmitschrift zur Prüfungsvorbereitung

GRIN Verlag

Bibliografische Information der Deutschen Nationalbibliothek:

Die Deutsche Bibliothek verzeichnet diese Publikation in der Deutschen National-
bibliografie; detaillierte bibliografische Daten sind im Internet über http://dnb.d-
nb.de/ abrufbar.

Impressum:

Copyright © 2005 GRIN Verlag GmbH
Druck und Bindung: Books on Demand GmbH, Norderstedt Germany
ISBN: 978-3-656-75632-3

Dieses Buch bei GRIN:

http://www.grin.com/de/e-book/281245/pruefungslehre-vorlesungsmitschrift-zur-
pruefungsvorbereitung

Prüfungslehre I

1. Gegenstand und Aufgaben der Betriebswirtschaftlichen Steuerlehre

Gegenstand:

- Wissenschaft, eine Betriebswirtschaftslehre unter besonderer Berücksichtigung der Steuern.
- Gegenstand der BWL ist die Erzielung von Einkommen in einer Welt mit Unsicherheit. Einkommen umfasst das Einkommen von privaten Wirtschaftssubjekten und Unternehmen.

Aufgaben der BWL/ Betriebswirtschaftlichen Steuerlehre:

- Erklärung betriebswirtschaftlicher Phänomene
- Gestaltung
  - o Empfehlungen an einzelne Wirtschaftssubjekte
  - o Beratung der Verantwortlichen für die Wirtschaftsordnung z.B. Gesetzgeber

2. Betriebswirtschaftliches Gewinnkonzeptionen im Überblick

Gewinn = Vermögen am Ende einer Periode – Vermögen am Anfang einer Periode

Kategorien von Vermögen:
- Gegenüberstellung von Gesamtbewertung und Einzelbewertung
- Gegenüberstellung von Fortführungsvermögen und Zerschlagungsvermögen
- Gegenüberstellung von streng objektivierte Vermögensgrößen und weniger streng objektiviertes Vermögen

Gesamtbewertung:
Untersuchung, welchen Nutzen ein Unternehmen in der Zukunft gesamt bringt durch unter Anderem kontinuierliche Abdiskontierung von Ein- und Auszahlungen auf den Betrachtungszeitpunkt und Berücksichtigung anderer ökonomischer Faktoren.

Wichtig ist immer, welchen Zweck die Gewinnbetrachtung und Vermögensbetrachtung erfüllen soll, je nachdem werden der Gewinn und das Vermögen aufgestellt.

Steuergewinnkonzeption muss auf Einzelbewertung basieren, da die Gesamtbewertung eine zu hohe Unsicherheit enthält und man für die steuerliche Gewinnermittlung stark objektivierte Größen benötigt.

Zwecke der Gewinn-/Vermögensermittlung:

- Grundlage betriebswirtschaftlicher Entscheidungen
  → (potentielle) Kapitalgeber EK-/FK-Geber
     Informationsumfang abhängig von der Rechtsform und der vertraglichen Gestaltung
  → Manager (zur Entscheidungsfindung)

- Grundlage zur Kontrolle
  → EK-/FK-Geber
  → Manager (Selbstkontrolle)

1

- Grundlage zur Bemessung von Zahlungsansprüchen
  - → Bemessung von Entnahmen (Personengesellschaften) (§121 HGB)
    Grundsatz nur der Haftung der Gesellschafter, weniger strenge Regeln, was Entnahmen angeht.
  - → Bemessung von Gewinnausschüttungen (Kapitalgesellschaften) (§29 GmbH-G)
    Grundsatz keine Haftung der Gesellschafter für Verbindlichkeiten der Gesellschaft, sondern nur Kapitalverlustrisiko der Anteilseigner, daher strenge Regeln.
  - → Bemessung von Rückgewähransprüchen im Rahmen von Kapitalerhaltungsvorschriften
  - → Bemessung von Abfindungen eines Gesellschafters
  - → Bemessung von Steuern

Gewinn-/Vermögenskonzeptionen:

Excel-Tabelle einfügen

Beispiel 1:

GmbH:
Erhaltene Einzahlungen P_1:   100 GE
Geleistete Auszahlungen P_1:   70 GE
Zu erwartende Einzahlungen P_2:   0 GE
Zu erwartende Auszahlungen P_2:   80 GE

„Gewinn" Periode 1:   30 GE (Gewinnausschüttung von 30 GE)
„Gewinn" Periode 2:   -80 GE (kein Gesellschafter haftet für den Verlust)

⇒ kein Gläubigerschutz

Gegenbeispiel:
Gewinnkonzeption, die bestimmte zu erwartende Auszahlungen berücksichtigt.

„Gewinn" Periode 1:   - 50 GE (keine Gewinnausschüttung)

3. Steuerbilanz als eine Form steuerrechtlicher Gewinnermittlung

3.1 Allgemeine Rechtsgrundlagen der Steuerbilanz

a) Definition

Steuerbilanz ist eine den steuerlichen Vorschriften entsprechende Bilanz, §60 (2) EStG-Durchführungsverordnung.

Steuerbilanz ist eine Bilanz, die steuerrechtlichen Vorschriften entspricht und an die Grundsätze der Buchführung im Sinne des HGB anknüpft, §5 (1) S.1 EStG.

b) Steuerbilanzierungspflicht

Wer ist verpflichtet seinen Gewinn mittels der Steuerbilanz zu ermitteln (Steuerbilanzierungspflicht)?

Voraussetzungen:

- Steuerliche Gewerbetreibenden
  - Natürliche Personen, die eine Tätigkeit nach §15 EStG ausüben
  - Kapitalgesellschaften §8 (2) / Einkünfte aus Gewerbebetrieb
  - Personengesellschaften selbst nicht ESt-pflichtig und USt-Pflichtig, aber Steuerbilanzierungspflichtig

- Buchführungspflicht / freiwillige Buchführung

  Zum Zweck der steuerlichen Gewinnermittlung sind grundsätzlich alle Gewerbetreibenden gegenüber dem Finanzamt zur Buchführung verpflichtet. Die Verpflichtung ergibt sich aus den §§140 und 141 AO.

  §140 AO (derivative Buchführungspflicht) erklärt Buchführungspflichten nichtsteuerlicher Art zu steuerlichen. Buchführungspflichten nichtsteuerlicher Art finden sich in erster Linie in den §§238ff HGB. Zur Buchführung verpflichtet sind danach alle Kaufleute. Kaufmann ist nach §1 Abs. 1 HGB jeder, der ein Handelsgewerbe betreibt (Einkünfte nach §15 Abs. 2 EStG). Ein Handelsgewerbe ist nach §1 Abs. 2 HGB jeder Gewerbebetrieb. Neben Einzelpersonen mit Kaufmannseigenschaft gehören nach §6 HGB auch alle Handelsgesellschaften zu den Kaufleuten. Hierzu zählen:
  - Die Personengesellschaften (OHG, KG) (Einkünfte nach §15 EStG)
  - Die Kapitalgesellschaften (GmbH, AG, KGaA) (Einkünfte nach §8 Abs. 2 EStG)

  Unter die Buchführungspflicht des §141 AO (Originäre Buchführungspflicht) können demnach nur diejenigen Gewerbetreibenden fallen, die keinen nach Art und Umfang in kaufmännischer Weise eingerichteten Geschäftsbetrieb benötigen. Hierbei handelt es sich um sehr kleine Gewerbebetriebe. Diese Buchführungspflicht setzt voraus:
  - Umsätze von mehr als 260.000€ im Kalenderjahr oder
  - Einen Gewinn von mehr als 25.000€ im Wirtschaftsjahr

  Freiberufler sind keine Gewerbetreibende. Sie unterliegen weder der abgeleiteten Buchführungspflicht des §140 AO, noch der originären des §141 AO. Allerdings können sie freiwillig Bücher führen und Abschlüsse machen.

3.2 Gewinnkonzeptionen der Steuerbilanz

3.2.1 Verknüpfung von handels- und steuerrechtlicher Gewinnermittlung

a) §5 (1) S.1 EStG: Maßgeblichkeitsprinzip

Danach sind bei der Aufstellung der Steuerbilanz die handelsrechtlichen Grundsätze ordnungsgemäßer Buchführung und Bilanzierung (GOB) zu beachten (§§242 ff. HGB). Dies gilt allerdings nur, wenn nicht spezielle einkommensteuerrechtliche Vorschriften etwas anderes bestimmen (Durchbrechung des Maßgeblichkeitsprinzips).

Grundsätze Ordnungsgemäßer Buchführung sind sehr abstrakt geregelt und müssen konkretisiert/ausgelegt werden durch die Rechtssprechung des Bundesfinanzhof (BFH) und nicht durch die Zivilgerichtsbarkeit.

Der BFH tritt in Erscheinung, wenn Klage eingereicht wird.

Auslegung der Gesetze nach Wortlaut, Zusammenhang, Zweck und Geschichte.
GOB stellen ein System von Rechtsnormen dar, die sich gegenseitig beeinflussen.
Probleme beim System der GOB:
Gesetzesauslegung bezieht sich auf ihren übergeordneten Zweck, der bei der Erstellung einer Handelsbilanz schwierig zu definieren ist.

System der GOB:
- Übergeordneter Zweck:
  - Gewinn- und Vermögensaufstellung, die den Gläubigerschutz beachtet
  - §264 (2) HGB: Informationen über die Vermögens-, Finanz- und Ertragslage

Spannungen zwischen Gläubigerschutzzweck und Informationszweck war ein Problem. Dies wurde gelöst, indem im geltenden Recht der Informationszweck eine nachrangige Bedeutung besitzt.

GOB beruhen auf:

- Grundsatz der Unternehmensfortführung §252 (1) Nr.2 HGB
  Ausdruck dieses Grundsatzes durch unter anderen:
    - wirtschaftliches Eigentum §246 (1) S.2 HGB
    - Rückstellungen ohne rechtliche Verpflichtung §249 (1) Nr.2 HGB
- Grundsatz der Einzelbewertung §252 (1) Nr.3 HGB
  Ausdruck dieses Grundsatzes durch:
    - Die Vermögensgegenstände und Schulden sind zum Abschlussstichtag einzeln zu bewerten §252 (3) Nr.3 HGB
    - Inhalt der Bilanz §247 (1) HGB
- Grundsatz „Nicht ausschließlich zahlungsorientiert"
  Ausdruck dieses Grundsatzes durch:
    - Periodisierungsgrundprinzip §252 (1) Nr.5 HGB
- Grundsatz „Vorsichtig und objektiviertes Fortführungsvermögen"
  Ausdruck dieses Grundsatzes durch:

Realisationsprinzip §252 (1) Nr.4 HGB
- Gewinne und Verluste dürfen erst ausgewiesen werden, wenn sie durch Umsatz realisiert sind
- Schutz der Bilanzadressaten vor zu günstiger und zu ungünstiger Darstellung der Vermögens- und Ertragslage, Vermeidung der Ausschüttung unrealisierter Gewinne
- Anwendung:
  - Für Gewinne: Anschaffungswertprinzip §253 (1) HGB
  - Für Verluste: Keine Anwendung

Imparitätsprinzip §252 (1) Nr.4 HGB
- Unrealisierte Gewinne dürfen nicht, unrealisierte Verluste dürfen oder müssen bereits ausgewiesen werden
- Schutz der Bilanzadressaten vor zu günstiger und zu ungünstiger Darstellung der Vermögens- und Ertragslage, Ausschüttungssperre für unrealisierte Gewinne, Minderung des Gewinnausweises §249 (1) S.1 HGB
- In Handels- und Steuerbilanz Grundlage der Bewertungsvorschriften

Niederstwertprinzip §253 (2),(3) HGB
- Von zwei oder mehreren zur Wahl stehenden Werten ist zur Bewertung des Vermögens höchstens der niedere anzusetzen
- Schutz der Bilanzadressaten vor zu günstiger und zu ungünstiger Darstellung der Vermögens- und Ertragslage
  - Im UV muss der niederste Wert angesetzt werden
  - Im AV bei dauernder Wertminderung

Maßgeblichkeitsprinzip:
- Bei zwingend einzuhaltenden steuerlichen Bewertungsvorschriften sind die Handelsbilanzwerte ohne Bedeutung
- Lässt das Steuerrecht mehrere Bewertungsmöglichkeiten zu, so sind die Wertansätze in der Handelsbilanz auch für die Steuerbilanz maßgeblich
- Niedere Werte in der Handelsbilanz sind für die Steuerbilanz auch verbindlich, wenn die Steuergesetze eine höhere Bewertung zulassen

Warum Maßgeblichkeitsprinzip?
- Historisch: Aufgrund von Vereinfachung
- Heute: Behandlung des Fiskus als „stillen Teilhaber"
- Einhaltung der Rechtsordnung soll bestehen bleiben (beide Vorschriften - steuerrechtliche und handelsrechtliche - müssen im Grundsatz übereinstimmen)
- Verhinderung einer Übermaßbesteuerung (Sorge darum, dass der Staat versuchen wird die Steuergrundlage immer weiter auszudehnen, durch Anknüpfung an das Handelsrecht ist diese Ausdehnung begrenzt)

→ faktisch: Durchbrechungen des Maßgeblichkeitsprinzips
Finden sich bei der Bewertung der Abschreibungen des derivaten Firmenwerts. In der Handelsbilanz kann er in vier Jahren abgeschrieben werden, in der Steuerbilanz genau in 15 Jahren.
→ Maßgeblichkeitsprinzip unterliegt umfassender Kritik

b) §5 (1) S.2 EStG: Umgekehrte Maßgeblichkeitsprinzip

Zu einer Umkehrung des Maßgeblichkeitsprinzips, d.h. die steuerlichen Wertansätze werden maßgeblich für die Handelsbilanz, kommt es aber einmal dadurch, dass viele Betriebe nur eine Bilanz aufstellen und deshalb die Werte für die Handelsbilanz so wählen, dass sie den steuerlichen Vorschriften entsprechen.

Der andere Grund ist darin zu sehen, dass der Gesetzgeber die periodenrichtige Gewinnermittlung bewusst konjunkturellen oder sozialpolitischen Zielen unterordnet und deshalb in der Steuerbilanz z.B. Bewertungsfreiheiten durch Sonderabschreibungen gewährt oder die Bildung steuerfreier Rücklagen zulässt.

So sieht z.B., §6b EStG vor, dass bestimmte Veräußerungsgewinne nicht sofort ausgewiesen werden und besteuert werden, sondern auf neue Investitionen übertragen werden dürfen. Die AHK werden insoweit gemindert. Dadurch kann eine Investition schon zum Anschaffungszeitpunkt mit einem Erinnerungswert in die Steuerbilanz aufgenommen werden. Nach §5 (1) EStG muss diese Bewertungsfreiheit auch in der Handelsbilanz vorgenommen werden. Da eine solche Bewertung wegen Verstoßes gegen die GOB unzulässig wäre, hat der Gesetzgeber eine Regelung getroffen um die Übernahme des Wertes dennoch in die Handelsbilanz zu ermöglichen (§254 HGB Öffnungsklausel).

3.2.2 Ansatzvorschriften

Nach §246 (1) HGB hat die Bilanz grundsätzlich alle Vermögensgegenstände, Schulden und Rechnungsabgrenzungsposten zu erfassen.

3.2.2.1 Abgrenzung von handelsrechtlichem Reinvermögen und steuerrechtlichem Betriebsvermögen

a) Einzelhandelskaufmann

Handelsbilanz enthält:
- Reinvermögen, das dem Handelsgewerbe zuzuordnen ist
- Kein Privatvermögen
Im Zweifel: §344 (1) HGB

Steuerliche Gewinnermittlung / Steuerbilanz:

Differenzierung zwischen:
- Notwendigem Betriebsvermögen (offensichtlich ist die Funktion rein geschäftlich)
- Notwendigem Privatvermögen (offensichtlich ist die Funktion rein privat)
- Gewillkürtem Betriebsvermögen (Funktion dient der Geschäftsförderung, jedoch ist nicht ausschließlich privat oder betrieblich, Kaufmann muss Widmung angeben, wie er es verwendet, privat oder betrieblich, möglich ist beides)

Bei gemischter Nutzung von Vermögensgegenständen unterteilt man:
- Gemischte Nutzung beweglicher Vermögensgegenstände
  - Über 50% betriebliche Nutzung, dann notwendiges Betriebsvermögen
  - Unter 10% betriebliche Nutzung, dann Privatvermögen
  - Größer gleich 10% und kleiner gleich 50% betriebliche Nutzung, dann gewillkürtes Betriebsvermögen oder gewillkürtes Privatvermögen

- Gemischte Nutzung von Grundvermögen
  - Anteilige Zuordnung von Betriebsvermögen/ Privatvermögen entsprechend der Nutzung

b) Personengesellschaft

Handelsbilanz enthält:
- Reinvermögen, das dem Handelsgewerbe der Gesellschaft zuzuordnen ist

Steuerliche Gewinnermittlung / Steuerbilanz:
Vermögen der Gesellschaft ist steuerliches Betriebsvermögen

Aber:
Steuerbilanz im weiteren Sinne umfasst zudem auch die Sonderbilanzen, welche Sonderbetriebsvermögen beinhalten. Dies resultiert daraus, wenn ein Gesellschafter einen privaten Vermögensgegenstand der Gesellschaft überlässt.

Kapitalgesellschaften:
Handelsbilanz und Steuerbilanz:
Reinvermögen, das dem Handelsgewerbe der Gesellschaft zuzuordnen ist bilanziert

3.2.2.2 Ansatzvorschriften der Aktivseite

Was wird aktiviert?

1. Vermögensgegenstände des Anlage- und Umlaufvermögens
2. Aktive Rechungsabgrenzungsposten
3. Bilanzierungshilfen

Es gilt das Maßgeblichkeitsprinzip:
- HB: Aktivierungswahlrecht → StB: Aktivierungspflicht
- HB: Aktivierungspflicht → StB: Aktivierungspflicht
- HB: Aktivierungsverbot → StB: Aktivierungsverbot

Beschluss des Großen Senats des BFH

1. Vermögensgegenstände

Merkmale von Vermögensgegenständen:
- Wirtschaftlicher Vermögenswert
- Greifbar (es liegt nur ein Vermögenswert vor, wenn sie mit dem Unternehmen übertragen werden kann, nicht einzeln veräußerbar)
- Selbständig bewertbar (nur dann Vermögensgegenstand, wenn es losgelöst von anderen Vermögensgegenständen ist)

Vermögensgegenstände (= Wirtschaftsgüter der Aktivseite):
a) Sachen
b) Rechte (Patent, Lizenzen, Nutzungsrechte)
c) Tatsächliche Zustände / konkrete Möglichkeiten / Vorteile = rein wirtschaftliche Güter

Zu a) + b) Sachen / Rechte:
- Wirtschaftlicher Vermögenswert ist grundsätzlich gegeben
- Grundsätzlich greifbar
  → wirtschaftliche Zugehörigkeit
  → bei erfolgswirksamen Zugängen
- Selbständige Bewertbarkeit
  → ≠ mit anderen Vermögensgegenständen im Nutzen- oder Funktionszusammenhang

Zu c) Rein wirtschaftliche Güter:
- Wirtschaftlicher Vermögenswert
  → Kundenstamm
  → Auftragsbestand
  → Geschäfts- oder Firmenwert
  → nicht auf einer Rechtsverpflichtung beruhende Nutzungsübertragung
  → ≠ Werbemaßnahmen
- Greifbarkeit
  → Kundenstamm
  → Auftragsbestand
  → Geschäfts- oder Firmenwert
  → ≠ nicht auf einer Rechtsverpflichtung beruhende Nutzungsüberlassung
- Selbständige Bewertbarkeit (geschäfts- oder firmenunabhängige Bewertung)
  → Auftragsbestand

7

→ Kundenstamm
  Selbständige Bewertbarkeit nur, wenn Gegenstand ein gesonderter Anschaffungsvorgang

Unterteilung der Vermögensgegenstände:

(1) Möglichkeit Vermögensgegenstände:
- materielle
  - bewegliche
    - Maschinen
  - unbewegliche
    - Grund und Boden
    - Gebäude
- immaterielle
  - Rechte
  - Rein wirtschaftliche Güter

(2) Möglichkeit Vermögensgegenstände:
- Anlagevermögen
  - Abnutzbares
  - Nicht abnutzbares
- Umlaufvermögen

Für die Bilanzierung von großer Bedeutung ist die Unterscheidung zwischen materiellen und immateriellen Wirtschaftsgütern des Anlagevermögens.

Materielles Anlagevermögen ist sowohl handels- als auch steuerrechtlich zu bilanzieren und zwar unabhängig davon, ob es angeschafft, hergestellt oder unentgeltlich erworben worden ist. Dies ergibt sich aus dem Grundsatz der Vollständigkeit der Bilanz.

Bei alleiniger Berücksichtigung des Vollständigkeitsprinzips müssten auch alle immateriellen Wirtschaftsgüter bilanziert werden. Dem widerspricht aber das Vorsichtsprinzip. Selbstgeschaffene (originäre) immaterielle Vermögensgegenstände werden als derart ungewiss angesehen, dass ihr Ansatz verboten ist (§248 Abs.2 HGB). Entgeltlich erworbene (derivate) immaterielle Vermögensgegenstände hingegen gelten durch den Erwerb als hinreichend konkretisiert, so dass sie aktiviert werden müssen. Für den Geschäfts- oder Firmenwert hingegen besteht nach §255 Abs.4 HGB ausdrücklich ein Aktivierungswahlrecht in der Handelsbilanz, d.h. Aktivierungspflicht in der Steuerbilanz.

2. Aktive Rechnungsabgrenzungsposten (§250 I, II HGB)

Rechnungsabgrenzungsposten dienen der periodengerechten Gewinnermittlung. Als aktive Rechnungsabgrenzungsposten sind solche Ausgaben vor dem Abschlussstichtag auszuweisen, die Aufwand für eine bestimmte Zeit nach dem Abschlussstichtag darstellen.

Fall: Miete am 1.1.00 für 00 und 01 i.H.v 200.000 €

Buchungssatz:	01.01.00	Miete an Bk 200.000€
	31.12.00	ARA an Miete 100.000€
	31.12.01	Miete an ARA 100.000€

3. Bilanzierungshilfen

≠ Vermögensgegenstand
≠ Rechungsabgrenzungsposten

- Aktivierung von Auszahlungen
  §269 HGB mit Ausschüttungssperre
- Sind Ausdruck einer Idee, zur Verbesserung des Einblicks in die Vermögens- und Finanzlage. Im Hinblick auf Gläubigerschutz eher kritisch, daher gilt die Ausschüttungssperre.

Dürfen nicht aktiviert werden in der Steuerbilanz. HB Aktivierungswahlrecht.

Grund:
Nicht Ausdruck der GoB (insbesondere Gläubigerschutz)

3.2.2.3 Ansatzvorschriften der Passivseite

§247 (1), (2) HGB

1. Verbindlichkeiten
2. Rückstellungen
3. Passive Rechnungsabgrenzungsposten

Es gilt das Maßgeblichkeitsprinzip:
Passivierungsgebot HB → Passivierungsgebot StB
Passivierungswahlrecht HB → Passivierungsverbot StB
Passivierungsverbot HB → Passivierungsverbot StB

4. Eigenkapital

Eigenkapital ist Residualgröße, die sich aus der Differenz von Aktivvermögen – Passivvermögen ergibt.

1. Verbindlichkeiten
  - Wirtschaftliche Vermögensbelastung
  → Passivierung einer verjährten Verpflichtung, soweit eine Erfüllungsabsicht besteht
  - Außenverpflichtung liegt vor
  = Leistungszwang gegenüber Dritten
  - Dem Grunde und der Höhe nach sicher
  - Erfüllung der wirtschaftlichen Vermögensbelastung wahrscheinlich

2. Rückstellungen (§249 HGB)

→ dem Grunde und/ oder der Höhe nach ungewiss

(1) Wirtschaftliche Vermögensbelastung (siehe Verbindlichkeit)
(2) Außenverpflichtung (Grundsatz)

Rückstellung
- Mit Außenverpflichtung

- o Verbindlichkeitsrückstellung
  - Privatrechtlich
    → Schadenersatzrückstellungen
    → Garantieverpflichtungsrückstellungen
    → Pensionsrückstellungen
  - Öffentlich-rechtlich
    → ständige Rückstellungen
    → Umweltschutzrückstellungen
    - o Rekultivierungsrückstellungen
    - o Rückstellungen für Altlastsanierung
    Voraussetzung
    - Behördliche Verfügung/ Verwaltungsakt
    - Gesetz
      - o Inhaltlich genau bestimmtes Handeln
      - o Innerhalb eines bestimmten Zeitraums
      - o Bei Pflichtverletzung: Sanktionen
  - o Drohverlustrückstellung §249 HGB
    → Aufwandsüberschuss aus schwebenden Geschäften ist zu passivieren
    → Handelsbilanz §249 Abs. 1 S.1
    → Steuerbilanz: Durchbrechung des Maßgeblichkeitsprinzip: Verbot
- Ohne Außenverpflichtung §249 Abs. 1 S.2 Nr.1
  → Passivierungspflicht: HB, StB

Beispiel zu Schadenersatzrückstellungen:
- Veräußerung eines Produktes in Periode 01 = Ertragsrealisation in 01
- Feststellung der Fehlerhaftigkeit des Produktes
  → Schadenersatzforderung wird erwartet
- Zukünftige Auszahlung ist in 01 den realisierten Erträgen zuzurechnen
- Wirtschaftliche Verursachung in 01
- Wahrscheinlichkeit der Inanspruchnahme
  → mehr Gründe für als gegen Inanspruchnahme
  → Ausnahme: §5 Abs.3 EStG, §5 Abs.4b EStG, §5 Abs. 4 EStG Jubiläum

Beispiel zu Drohverlustrückstellungen:
- Kaufmann kauft ein Produkt in Höhe von 100€ und bekommt es geliefert
- Kaufpreis wurde noch nicht geleistet

Buchungssatz: Forderung 116 an   Umsatzerlöse 100
                                       Umsatzsteuer   16

Abwandlung:
- Vertragsabschluss liegt vor
- Aber: Dienstleistungsverpflichteter hat Hauptleistung noch nicht erbracht
⇒ Schwebendes Geschäft
- Drohender Verlust aus dem schwebenden Geschäft

Beispiel:
- Anschaffung eines Produktes zu 40.000€
- Veräußerung in 01 zu 100.000€
- Erwartung einer Schadenersatzforderung in Höhe von 30.000€ für 02

Jahr 01:
Bank 116.000 an   Umsatzerlöse 100.000
                    Umsatzsteuer   16.000

Aufwendungen   an Waren 40.000

$\Rightarrow$ ohne Schadenersatzfall: Gewinn 60.000€

Mit Schadenersatzfall:
Aufwand an Rückstellungen 30.000€ $\Rightarrow$ Gewinn in 01: 30.000€

Jahr 02:
Schadenersatz wird geleistet $\rightarrow$ Auszahlung an Gläubiger in Höhe von 30.000€

Rückstellungen an Waren 30.000€ $\rightarrow$ Gewinn in 01: 30.000€

Ohne Rückstellungen wirkt Aufwand in 02.
Mit Rückstellungen wirkt Aufwand in 01.

Abwandlung:
In 01 tritt der Gläubiger an den Kaufmann mit eine dem Grunde und der Höhe nach feststehende Schadenersatzforderung in Höhe von 30.000€ heran. Leistung des Schadenersatzes erfolgt in 02.
$\Rightarrow$ Ausweis einer Verbindlichkeit von 30.000€

3. Passive Rechnungsabgrenzungsposten §250 Abs.2 HGB

Passive Rechnungsabgrenzungsposten sind zu bilden für Einnahmen vor dem Abschlussstichtag, die Ertrag für eine bestimmte Zeit nach dem Stichtag darstellen.

Beispiel Mietertrag $\rightarrow$ Einzahlung von Miete in 01 für 01 und 02

01: Bank an Mieterträge   200€
30.12.01: Mieterträge an PARA   100€
02: PARA an Mieterträge   100€

4. Eigenkapital

- Kapitalgesellschaften:
  - Gezeichnetes Kapital: Stammkapital
  - Rücklagen: Kann aus Gewinn oder aus Zuführung des Gesellschafter gebildet werden

- Personengesellschaften
  - In der Regel Kapitalkonto des Gesellschafter

3.2.3 Bewertungsvorschriften

3.2.3.1 Grundlagen

Was ist zu bewerten?
→ Vermögensgegenstände
⇒ Differenzierung zwischen Anlagevermögen und Umlaufvermögen

→ Verbindlichkeiten
→ Rückstellungen

Verhältnis zwischen handels- und steuerbilanzieller Bewertung?
⇒ Grundsatz: Maßgeblichkeit

3.2.3.2 Bewertung des Anlagevermögens

1. Stufe: Bewertung bei Zugang und planmäßige Folgebewertung

Grundsätzlich ist sowohl bei der handels- als auch bei der steuerrechtlichen Bewertung von den Anschaffungs- oder Herstellungskosten auszugehen. Kodifiziert ist dies in §253 Abs.1 HGB für das Handels- und in §6 EStG für das Steuerrecht. Dies ist Ausdruck des Vorsichtsprinzip und des Objektivierungsprinzip.

Nach §255 Abs.1 HGB sind Anschaffungskosten die Aufwendungen, die geleistet werden, um einen Vermögensgegenstand zu erwerben und ihn in einen betriebsbereiten Zustand zu versetzen. Voraussetzung ist, dass die Aufwendungen dem Vermögensgegenstand einzeln zugeordnet werden können. Es können also nur Einzelkosten und keine Gemeinkosten in die Anschaffungskosten einbezogen werden. Anschaffungskosten beruhen auf dem Prinzip der Erfolgsneutralität.

Die Ermittlung der Anschaffungskosten lässt sich schematisch wie folgt darstellen:

	Anschaffungspreis
+	Anschaffungsnebenkosten
-	Kaufpreisminderung
=	Anschaffungskosten

Anschaffungsnebenkosten sind z.B. Zölle sowie Transport- und Montagekosten bei der Anschaffung von Maschinen, Notar- und Gerichtskosten sowie Grunderwerbsteuer. Kaufpreisminderungen sind Rabatte, Skonti und Boni.

Vorsteuerbeträge gehören nach §9b Abs.1 EStG dann nicht zu den Anschaffungskosten, wenn sie nach §15 UStG von der Umsatzsteuerschuld abgezogen werden können. Nichtabziehbare Vorsteuern hingegen sind aktivierungspflichtig

Handelsrechtlich sind die Herstellungskosten in §255 Abs.2 HGB definiert. Steuerrechtlich hingegen wird der Begriff der Herstellungskosten zwar verwendet, nicht aber gesetzlich definiert.

Herstellungskosten sind nach §255 Abs.2 S.1 HGB die Aufwendungen, die durch den Verbrauch von Gütern und die Inanspruchnahme von Diensten für die Herstellung eines

Vermögensgegenstandes, seine Erweiterung oder für eine über seinen ursprünglichen Zustand hinausgehende wesentliche Verbesserung entstehen.

	Handelsbilanz	Steuerbilanz
Materialeinzelkosten		
Fertigungseinzelkosten		
Einzelkosten der Fertigung	Pflichtbestandteil	
angemessene Teile notwendiger Material- und Fertigungsgemeinkosten		
Abschreibungen auf das Anlagevermögen		Pflichtbestandteil
allgemeine Verwaltungskosten		
Kosten für soziale Einrichtungen des Betriebs		
Kosten für betriebliche Altersversorgung		
Kosten für freiwillige betriebliche Leistungen	Wahlrecht	Wahlrecht
Vertriebskosten	Verbot	Verbot

2. Stufe: Niedrige Wertansätze im Rahmen des Niederstwertprinzip

§253 Abs.2 S.3 HGB: gemildertes Niederstwertprinzip
→ Abschreibungspflicht bei voraussichtlich dauernder Wertminderung
→ Abschreibungswahlrecht bei voraussichtlich vorübergehender Wertminderung
 Einschränkung in §279 Abs.1 S.2 HGB (Begrenzt auf Finanzanlagevermögen)

Handelsbilanz: Wertansatz ist der niedrigere beizulegender Wert
 → niedrigerer Zeitwert, der vom Beschaffungsmarkt her ermittelt wird

Steuerbilanz:
Es gilt der Grundsatz des Maßgeblichkeitsprinzip.

Die Definition des Teilwerts in §6 Abs.1 Nr.1 S.3 EStG lautet:

Teilwert ist der Betrag, den ein Erwerber des ganzen Betriebs im Rahmen des Gesamtkaufpreises für das einzelne Wirtschaftsgut ansetzen würde; dabei ist davon auszugehen, dass der Erwerber den Betrieb fortführt.

Der niedrigere Teilwert ist der niedrigere vom Beschaffungsmarkt ermittelte Wert.

	Handelsbilanz	Steuerbilanz
Voraussichtlich vorübergehende Wertminderung	Wahlrecht	Verbot
Voraussichtlich dauernde Wertminderung	Pflicht	Pflicht

3. Stufe: Über das Niederstwertprinzip hinausgehenden Wertansätze

Handelsbilanz: §253 Abs.4 HGB

Abschreibungen sind außerdem im Rahmen vernünftiger kaufmännischer Beurteilung zulässig (Wahlrecht).

Dies gilt nicht für Kapitalgesellschaften und die Steuerbilanz.

Handelsbilanz: §254 HGB

13

Abschreibungen können auch vorgenommen werden, um Vermögensgegenstände des Anlage- oder Umlaufvermögens mit dem niedrigeren Wert anzusetzen, der auf einer nur steuerrechtlich zulässigen Abschreibung beruht.

3.2.3.3 Bewertung des Umlaufvermögens

1. Stufe: Bewertung bei Zugang und planmäßige Folgebewertung

Grundsätzlich ist sowohl bei der handels- als auch bei der steuerrechtlichen Bewertung von den Anschaffungs- oder Herstellungskosten auszugehen. Kodifiziert ist dies in §253 Abs.1 HGB für das Handels- und in §6 EStG für das Steuerrecht. Dies ist Ausdruck des Vorsichtsprinzip und des Objektivierungsprinzip.

Nach §255 Abs.1 HGB sind Anschaffungskosten die Aufwendungen, die geleistet werden, um einen Vermögensgegenstand zu erwerben und ihn in einen betriebsbereiten Zustand zu versetzen. Voraussetzung ist, dass die Aufwendungen dem Vermögensgegenstand einzeln zugeordnet werden können. Es können also nur Einzelkosten und keine Gemeinkosten in die Anschaffungskosten einbezogen werden. Anschaffungskosten beruhen auf dem Prinzip der Erfolgsneutralität.

Die Ermittlung der Anschaffungskosten lässt sich schematisch wie folgt darstellen:

	Anschaffungspreis
+	Anschaffungsnebenkosten
-	Kaufpreisminderung
=	Anschaffungskosten

Anschaffungsnebenkosten sind z.B. Zölle sowie Transport- und Montagekosten bei der Anschaffung von Maschinen, Notar- und Gerichtskosten sowie Grunderwerbsteuer. Kaufpreisminderungen sind Rabatte, Skonti und Boni.

Vorsteuerbeträge gehören nach §9b Abs.1 EStG dann nicht zu den Anschaffungskosten, wenn sie nach §15 UStG von der Umsatzsteuerschuld abgezogen werden können. Nichtabziehbare Vorsteuern hingegen sind aktivierungspflichtig

Handelsrechtlich sind die Herstellungskosten in §255 Abs.2 HGB definiert. Steuerrechtlich hingegen wird der Begriff der Herstellungskosten zwar verwendet, nicht aber gesetzlich definiert.

Herstellungskosten sind nach §255 Abs.2 S.1 HGB die Aufwendungen, die durch den Verbrauch von Gütern und die Inanspruchnahme von Diensten für die Herstellung eines Vermögensgegenstandes, seine Erweiterung oder für eine über seinen ursprünglichen Zustand hinausgehende wesentliche Verbesserung entstehen.

	Handelsbilanz	Steuerbilanz
Materialeinzelkosten		
Fertigungseinzelkosten		
Einzelkosten der Fertigung	Pflichtbestandteil	
angemessene Teile notwendiger Material- und Fertigungsgemeinkosten	Wahlrecht	
Abschreibungen auf das Anlagevermögen		Pflichtbestandteil

allgemeine Verwaltungskosten		
Kosten für soziale Einrichtungen des Betriebs		
Kosten für betriebliche Altersversorgung		
Kosten für freiwillige betriebliche Leistungen		Wahlrecht
Vertriebskosten	Verbot	Verbot

2. Stufe: Niedrige Wertansätze im Rahmen des Niederstwertprinzip (abnutzbares UV)

Handelsbilanz: Es gilt das strenge Niederstwertprinzip, d.h. unabhängig von der Dauer der Wertminderung besteht eine Abschreibungspflicht (§253 III HGB).

Es muss in diesen Fällen eine Abschreibung auf den niedrigeren Börsen- oder Marktpreis oder auf den niedrigeren beizulegenden Wert (außerplanmäßige Abschreibung) vorgenommen werden.

Von größerer Bedeutung ist, ob die Bewertung auf dem Beschaffungsmarkt oder dem Absatzmarkt basiert.

Roh-/Hilfs- und Betriebsstoffe → Beschaffungsmarkt
Unfertige/ Fertige Erzeugnisse → Absatzmarkt
Handelswaren   → niederer Wert aus Beschaffungsmarkt und Absatzmarkt

Berechnung des niederen beizulegenden Wertes vom Absatzmarkt (retrograde/ verlustfreie Bewertung):

	Voraussichtlicher Verkaufserlös
-	Erlösschmälerungen (Rabatte, Boni, Skonti)
-	Verpackungskosten
-	Allgemeine Vertriebskosten
-	Noch anfallende Verwaltungskosten
-	Kapitalmarktkosten (Zinsen)
-	Noch anfallende HK bei unfertigen Erzeugnissen
=	am Abschlussstichtag niedrigere beizulegende Wert

Über den Maßgeblichkeitsgrundsatz des §5 Abs.1 S.1 EStG führt dieser handelsrechtliche Zwang zum niedrigeren Wertansatz in der Steuerbilanz zwingend zu einer Abschreibung auf den niedrigeren Teilwert = Berechnung niedrigere beizulegende Wert. Voraussetzung ist eine voraussichtlich dauernde Wertminderung.

Ausnahme bei retrograder Bewertung: Zusätzlicher Abzug des durchschnittlichen Gewinns möglich.

	Handelsbilanz	Steuerbilanz
voraussichtlich dauernde Wertminderung	Abschreibungspflicht	Abschreibungspflicht
voraussichtlich vorrübergehende Wertminderung	Abschreibungspflicht	Abschreibungsverbot

Ist die Wertminderung eines Wirtschaftsgutes des Umlaufvermögens voraussichtlich vorübergehender Art, so besteht steuerrechtlich nach §6 Abs.1 Nr.2 S.2 EStG ein Verbot, den niedrigeren Teilwert anzusetzen. Handelsrechtlich hingegen besteht nach §253 Abs.3 HGB eine Pflicht zum niedrigeren Teilwert. Es liegt also eine Durchbrechung des Maßgeblichkeitsprinzips vor.

3. Stufe: Über das Niederstwertprinzip hinausgehenden Wertansätze

a) HB: nur für natürliche Personen und typische Personengesellschaften

Niedrigerer Wert aufgrund vernünftiger kaufmännischer Beurteilung §253 Abs.4 HGB

StB: unzulässig

b) HB: für alle Kaufleute

Niedrigerer Zukunftswert §253 Abs. 3 S.3 HGB

StB: unzulässig

c) niedrigerer steuerliche Wert

HB: §254 HGB „Öffnungsklausel"

StB: Niedrigere Teilwert unter Berücksichtigung des Gewinnaufschlags bei der retrograden Bewertung

3.2.3.4 Bewertung der Verbindlichkeiten

a) Handelsbilanz 1.Stufe

HB: §253 Abs.1 S.2 HGB
⇒ Rückzahlungsbetrag
besser: Erfüllungsbetrag, da dieser Geld- und Sach-/Dienstleistungsverpflichtungen umfasst

= Bewertung 1. Stufe = Bewertung der Verbindlichkeit bei Entstehen der Verbindlichkeit zum Erfüllungsbetrag

b) Steuerbilanz 1.Stufe

§6 Abs.1 Nr.3 EStG: sinngemäß zu Anschaffungs- oder Herstellungskosten
⇒ im Ergebnis: Erfüllungsbetrag

Aber: Unter Umständen Abzinsungspflicht (5,5%) für den Erfüllungsbetrag (Durchbrechung Maßgeblichkeit)
- Laufzeit der Verbindlichkeit ≥ 12 Monate
- Unverzinsliche Verbindlichkeit

c) Handelsbilanz 2.Stufe

Höchstwertprinzip: Höhere Erfüllungsbetrag ist anzusetzen

d) Steuerbilanz 2.Stufe

Höchstwertprinzip: Höhere Erfüllungsbetrag ist anzusetzen

3.2.3.5 Bewertung der Rückstellungen

1. Stufe:

Handelsbilanz (§253 Abs.1 S.2 HGB):

Der Wert ist nach vernünftiger kaufmännischer Beurteilung anzusetzen.

Bei Verbindlichkeitsrückstellungen ist der voraussichtliche Erfüllungsbetrag anzusetzen.
Bei Sach- oder Dienstleistungsverpflichtungen sind die Einzelkosten und ein angemessener Teil der Gemeinkosten anzusetzen.

Steuerbilanz (§6 Abs.1 Nr.3 EStG):

Nr.3a: Es ist der Wert nach vernünftiger kaufmännischer Beurteilung anzusetzen
Nr.3b: Rückstellungen für Sachleistungsverpflichtungen sind mit den Einzelkosten und den angemessenen Teilen der notwendigen Gemeinkosten zu bewerten
Nr.3c: Vorteile, die mit Verpflichtungserfüllung einhergehen sind wertmindern zu berücksichtigen

2. Stufe:

HB/ StB: höher Wert nach vernünftiger kaufmännischer Beurteilung ist anzusetzen

4. Alternative Gewinnkonzeptionen zur Steuerbilanz

Steuerbilanzkonzeption des geltenden Steuerrechts: Maßgeblichkeitsprinzip

Beibehaltung des Maßgeblichkeitsprinzips würde erfordern:

a) Beibehaltung der Grundsätze ordnungsgemäßer Buchführung

b) Gründe, die für die Anknüpfung steuerbilanzieller Gewinnermittlung an GoB sprechen

Rechtfertigung des Maßgeblichkeitsprinzips:

Pro:
* Fiskus als stiller Teilhaber
* Einheit der Rechtsordnung
* Verhinderung einer Übermaßbesteuerung

Contra:
* Keine konsequente Umsetzung des Maßgeblichkeitsprinzips
  o Passivierungsverbot von Drohverlustrückstellungen
  o Abzinsungspflicht von Verbindlichkeiten und Rückstellungen
* Maßgeblichkeitsprinzip verstößt gegen Gleichmäßigkeit der Besteuerung
* Maßgeblichkeitsprinzip führt zu „Entscheidungsverzerrungen"

Dies bildet die Ausgangsgrundlage für alternative Gewinnermittlungskonzeptionen wie z.B. der Cash-Flow-Besteuerung.